Canción de la verdad sencilla

Julia de Burgos

Grabados de: **José A. Torres Martinó**

1982

ediciones **eh** huracán

CANCION DE LA VERDAD SENCILLA

Colección Vórtice

Primera edición: Imprenta Baldrich, San Juan, P.R., 1939
Segunda edición: Ediciones Huracán, 1982

Grabados: José A. Torres Martinó
Diseño gráfico: José A. Peláez

©Ediciones Huracán, Inc.
Ave. González 1002
Río Piedras, Puerto Rico

Impreso y hecho en Puerto Rico/
Printed and made in Puerto Rico

Número de Catálogo Biblioteca del Congreso/
Library of Congress Catalog Card Number: 82-71883
ISBN: 0-940238-66-7

A la verdad sencilla
de amarte en ti y en todo...

Poema detenido en un amanecer

Nadie.
Iba yo sola.
Nadie.
Pintando las auroras con mi único color de soledad.
Nadie.

Repitiéndome en todas las desesperaciones
Callándome por dentro el grito de buscarte.
Sumándome ideales en cada verdad rota.
Hiriendo las espigas con mi duelo de alzarte.

   ¡Oh desaparecido!
¡Cómo injerté mi alma en lo azul para hallarte!

   Y así, loca hacia arriba,
hirviéndome los ojos en la más roja luz para lograrte,
¡cómo seguí la huida de mi emoción más ávida
por los hospitalarios oros crepusculares!

   Hasta que una mañana...
una noche...
una tarde...
quedé como paloma acurrucada,
y me encontré los ojos por tu sangre.

   Madrugadas de dioses
maravillosamente despertaron mis valles.
¡Desprendimientos!
¡Cauces!
¡Golondrinas! ¡Estrellas!
¡Albas duras y ágiles!

Todo en ti:
¡sol salvaje!

¿Y yo?
—Una verdad sencilla para amarte...

Alba de mi silencio

E n ti me he silenciado...
El corazón del mundo está en tus ojos, que se vuelan
mirándome.

No quiero levantarme de tu frente fecunda
en donde acuesto el sueño de seguirme en tu alma.

Casi me siento niña de amor que llega hasta los pájaros.
Me voy muriendo en mis años de angustia
para quedar en ti
como corola recién en brote al sol...

No hay una sola brisa que no sepa mi sombra
ni camino que no alargue mi canción hasta el cielo.

¡Canción silenciada de plenitud!
En ti me he silenciado...

(La hora más sencilla para amarte es ésta
en que voy por la vida dolida de alba.)

Dos mundos sobre el mundo

S obre una realidad vacía de crepúsculos
   mi vida en alas frágiles va cabalgando ritmos.
Es ancha la ilusión
y es infinito y hondo tu sendero extendido.

   Visión de agua sin olas mi cara exhibe al viento;
color de claridades mi emoción se ha teñido.
Soy yerba fresca y útil.
Tú no tienes mi nombre ni mi rastro de abismos.
Sabe nuevas raíces en un soplo de tallos
tu suelo de emociones soleadas en ti mismo.

   No vengo del naufragio que es ronda de los débiles:
mi conciencia robusta nada en luz de infinito.

   (¡Dos mundos sobre el mundo proclámanse volando
su realidad de fuerza en un empuje íntimo!)

Transmutación

E stoy sencilla como la claridad...
  Nada me dice tanto como tu nombre repetido de montaña
      a montaña
por un eco sin tiempo que comienza en mi amor
y rueda al infinito...

                    (¡Tú ....!
                    Casi paloma erguida
                    sobre un mundo de alas
                    que has creado mi espíritu.)

    Tú lo dominas todo para mi claridad.
Y soy simple destello en albas fijas
amándote...

    Ningún viento agitado seduce mi reposo
de ternuras naciendo y apretándose
entre tu mano
y mi sollozo.

    Una afluencia de ríos por nacer, y golondrinas mudas,
se estrecha contra mí
allí donde tu alma me dice al corazón
la palabra más leve.

    Mis pies van despegados de rastros amarillos
y escalan techos infatigados de mariposas
donde el sol, sin saberlo, se ha visto una mañana,
deslumbrante...

Para amarte
me he desgarrado el mundo de los hombres,
y he quedado desierta en mar y estrella,
sencilla
como la claridad.

Aquí no hay geografía para manos ni espíritu.
Estoy sobre el silencio y en el silencio mismo
de una transmutación
donde nada es orilla...

Amanecida

Soy una amanecida del amor...

Raro que no me sigan centenares de pájaros
picoteando canciones sobre mi sombra blanca.
(Será que van cercando, en vigilia de nubes,
la claridad inmensa donde avanza mi alma.)

Raro que no me carguen pálidas margaritas
por la ruta amorosa que han tomado mis alas.
(Será que están llorando a su hermana más triste,
que en silencio se ha ido a la hora del alba.)

Raro que no me vista de novia la más leve
de aquellas brisas suaves que durmieron mi infancia.
(Será que entre los árboles va enseñando a mi amado
los surcos inocentes por donde anduve, casta...)

Raro que no me tire su emoción el rocío,
en gotas donde asome risueña la mañana.
(Será que por el surco de angustia del pasado,
con agua generosa mis decepciones baña.)

Soy una amanecida del amor...

En mí cuelgan canciones y racimos de pétalos,
y muchos sueños blancos, y emociones aladas.

Raro que no me entienda el hombre, conturbado
por la mano sencilla que recogió mi alma.
(Será que en él la noche se deshoja más lenta,
o tal vez no comprenda la emoción depurada...)

Principio de un poema sin palabras

¡Se unen en el espacio nuestras vidas
fugadas de sí mismas!
¡Tan leves nos sentimos
que el cochero del viento retarda su salida!

¡Mira sobre nosotros el recuerdo de un sueño,
y más allá la tenue respiración de un lirio;
mira cómo se escurren las pisadas del aire
por el perfume último de una rosa vacía!

¡Cómo acaban los ecos hacia atrás de sus voces!
¡Qué agilidad de pájaro mueve los horizontes
de pétalos volando!

¿Qué de ojos humanos buscándose en la estrella?
¿Qué de sueños alados amándose en la sombra?
¿Qué de pies levantados tras una mariposa?

Este mundo es más suave que la Nada.
Y dicen que esto es Dios.
Entonces yo conozco a Dios.
Y lo conozco tanto que se me pierde dentro...

De aquí se ve el mar con olas nadando hasta la orilla,
y se oye la carita de un niño que juega
con alcanzar su imagen;
pero se ve y se oye con sentidos muy breves de raíces
(como que parten de lo eterno y hacia lo eterno van).

Hasta el poema rueda ahora sin palabras
desde mi voz
hacia tu alma...

¡Y pensar que allá abajo nos espera la forma!

Viaje alado

Hoy me acerco a tu alma
con las manos amarillas de pájaros,
la mirada corriendo por el cielo,
y una leve llovizna entre mis labios.

Saltando claridades
he recogido el sol en los tejados,
y una nube ligera que pasaba
me prestó sus sandalias de aire blando.

La tierra se ha colgado a mis sandalias
y es un tren de emoción hasta tus brazos,
donde las rosas sin querer se fueron
unidas a la ruta de mi canto.

La tragedia del mundo
de mi senda de amor se ha separado,
y hay un aire muy suave en cada estrella
removiéndome el polvo de los años.

Hasta mi cara en vuelo
las cortinas del mar se me treparon,
y mis ojos se unieron a los ojos
de todas las pupilas del espacio.

Anudando emociones
sorprendí una sonrisa entre mis manos
caída desde el pájaro más vivo
que se asomó a mirar mi viaje alado.

Por encima del ruido de los hombres
una larga ilusión se fue rodando,
y dio a inclinar la sombra de mi mente
en el rayo de luz de tu regazo.

Como corola al viento,
todo el cosmos abrióseme a mi paso,
y se quedó en el pétalo más rosa
de esta flor de ilusión que hasta ti alargo...

Sueño de palabras

Honda de ti, me inundo el corazón de voces,
mientras tú duermes sueño de palabras...
¡Amado!
¡Qué estrellado va el cielo!

La rosa de la noche en las calles se mece.
Ecos de golondrinas se aquietan en la nube.
La sombra va danzando su dolor por los muelles.
El mar se sale al viento en perfume salvaje.
El ideal a ratos se sacude y florece...

(Tu sueño de palabras va perdiendo su sueño.
Mi corazón se expande en canciones celestes...)

¡Amado!
¡Entre las nubes se acarician los lirios!
¡En los labios del viento las canciones se duermen!
¡Las estrellas se guardan su lenguaje de luces!
¡El silencio se viste de rosales y fuentes!
¡Viene el tiempo corriendo su locura de viaje!
¡Mi pasión está fresca! ¡Mi emoción está leve!

(El sueño de palabras ha dejado tus labios.)
¡No me hables! ¡Tus notas yo las quiero silvestres!

Poema perdido en pocos versos

¡Y si dijeran que soy como devastado crepúsculo
donde ya las tristezas se durmieron!

Sencillo espejo donde recojo el mundo.
Donde enternezco soledades con mi mano feliz.

Han llegado mis puertos idos tras de los barcos
como queriendo huir de su nostalgia.

Han vuelto a mi destello las lunas apagadas
que dejé con mi nombre vociferando duelos
hasta que fueran mías todas las sombras mudas.

Han vuelto mis pupilas
amarradas al sol de su amor alba.

¡Oh amor entretenido en astros y palomas,
cómo en rocío feliz cruzas mi alma!

¡Amarilla ciudad de mis tristezas:
soy el verde renuevo de tus ramas!

¡Feliz! ¡Feliz! ¡Feliz!

Agigantada en cósmicas gravitaciones ágiles,
sin reflexión ni nada...

Noche de amor en tres cantos

I

Ocaso

¡Como suena en mi alma la idea
de una noche completa en tus brazos
diluyéndome toda en caricias
mientras tú te me das extasiado!

¡Qué infinito el temblor de miradas
que vendrá en la emoción del abrazo,
y qué tierno el coloquio de besos
que tendré estremecida en tus labios!

¡Cómo sueño las horas azules
que me esperan tendida a tu lado,
sin más luz que la luz de tus ojos,
sin más lecho que aquel de tu brazo!

¡Cómo siento mi amor floreciendo
en la mística voz de tu canto:
notas tristes y alegres y hondas
que unirán tu emoción a tu rapto!

¡Oh la noche regada de estrellas
que enviará desde todos sus astros
la más pura armonía de reflejos
como ofrenda nupcial a mi tálamo!

II

Media Noche

Se ha callado la idea turbadora
y me siento en el sí de tu abrazo,
convertida en un sordo murmullo
que se interna en mi alma cantando.

Es la noche una cinta de estrellas
que una a una a mi lecho han rodado;
y es mi vida algo así como un soplo
ensartado de impulsos paganos.

Mis pequeñas palomas se salen
de su nido de anhelos extraños
y caminan su forma tangible
hacia el cielo ideal de tus manos.

Un temblor indeciso de trópico
nos penetra la alcoba. ¡Entre tanto,
se han besado tu vida y mi vida...
y las almas se van acercando!

¡Cómo siento que estoy en tu carne
cual espiga a la sombra del astro!
¡Cómo siento que llego a tu alma
y que allá tú me estás esperando!

Se han unido, mi amor, se han unido
nuestras risas más blancas que el blanco,
y ¡oh milagro! en la luz de una lágrima
se han besado tu llanto y mi llanto...

¡Cómo muero las últimas millas
que me ataban al tren del pasado!
¡Qué frescura me mueve a quedarme

en el alba que tú me has brindado!

III

Alba

¡Oh la noche regada de estrellas
que envió desde todos sus astros
la más pura armonía de reflejos
como ofrenda nupcial a mi tálamo!

¡Cómo suena en mi alma la clara
vibración pasional de mi amado,
que se abrió todo en surcos inmensos
donde anduve mi amor, de su brazo!

La ternura de todos los surcos
se ha quedada enredada en mis pasos,
y los dulces instantes vividos
siguen, tenues, en mi alma soñando...

La emoción que brotó de su vida
—que fue en mí manantial desbordado—
ha tomado la ruta del alba
y ahora vuela por todos los prados.

Ya la noche se fue; queda el velo
que al recuerdo se enlaza, apretado,
y nos mira en estrellas dormidas
desde el cielo en nosotros rondando...

Ya la noche se fue; y a las nuevas
emociones del alba se ha atado.
Todo sabe a canciones y a frutos,
y hay un niño de amor en mi mano.

Se ha quedado tu vida en mi vida

como el alba se queda en los campos;
y hay mil pájaros vivos en mi alma
de esta noche de amor en tres cantos.

Armonía de la palabra y el instinto

T odo fue maravilla de armonías
en el gesto inicial que se nos daba
entre impulsos celestes y telúricos
desde el fondo de amor de nuestras almas.

Hasta el aire espigóse en levedades
cuando caí rendida en tu mirada;
y una palabra, aún virgen en mi vida,
me golpeó el corazón, y se hizo llama
en el río de emoción que recibía,
y en la flor de ilusión que te entregaba.

Un connubio de nuevas sensaciones
elevaron en luz mi madrugada.
Suaves olas me alzaron la conciencia
hasta la playa azul de tu mañana,
y la carne fue haciéndose silueta
a la vista de mi alma libertada.

Como un grito integral, suave y profundo
estalló de mis labios la palabra;
¡nunca tuvo mi boca más sonrisa,
ni hubo nunca más vuelo en mi garganta!

En mi suave palabra, enternecida,
me hice toda en tu vida y en tu alma;
y fui grito impensado atravesando
las paredes del tiempo que me ataba;
y fui brote espontáneo del instante;
y fui estrella en tus brazos derramada.

Me di toda, y fundíme para siempre
en la armonía sensual que tú me dabas;
y la rosa emotiva que se abría
en el tallo verbal de mi palabra,
uno a uno fue dándote sus pétalos,
mientras nuestros instintos se besaban.

Canción desnuda

Despierta de caricias,
aún siento por mi cuerpo corriéndome tu abrazo.
Estremecida y tenue sigo andando en tu imagen.
¡Fue tan hondo de instintos mi sencillo reclamo!

De mí se huyeron horas de voluntad robusta,
y humilde de razones, mi sensación dejaron.
Yo no supe de edades ni reflexiones yertas.
¡Yo fui la Vida, amado!
La vida que pasaba por el canto del ave
y la arteria del árbol.

Otras notas más suaves pude haber descorrido,
pero mi anhelo fértil no conocía de atajos:
me agarré a la hora loca,
y mis hojas silvestres sobre ti se doblaron.

Me solté a la pureza de un amor sin ropajes
que cargaba mi vida de lo irreal a lo humano,
y hube de verme toda en un grito de lágrimas,
¡en recuerdo de pájaros!

Yo no supe guardarme de invencibles corrientes
¡Yo fui la Vida, amado!
La vida que en ti mismo descarriaba su rumbo
para darse a mis brazos.

Próximo a Dios

¡Ya estamos en las aguas sin playas del amor!
Nuestros ojos tendidos abarcarán el cosmos.
Nuestros pasos unidos secundarán la ruta de las hojas
más altas,
y habrá revolución en el espacio.

Nuestras manos fecundas sangrarán las heridas
de los pobres del mundo
desde la arteria inmensa del ideal en carne.
La redención del hombre subirá a nuestras voces
y temblarán las sombras ausentes de vanguardia.

Pero sobre los años convulsivos y enérgicos
tendremos noches frágiles
enhebradas en calma.
(¡Cómo las sueña el sueño
que en mi emoción avanza!)

Recostaré en tus ojos todo el fulgor intenso
de mis horas en lágrimas;
y tú amarás mis brazos
como niño pequeño que a su madre se atara.

¡Qué cercanos de Dios se alzarán nuestros pasos,
contagiados de alas!

Canción para dormirte

En los techos de mi alma se turban las palomas
cuando tu vida asciende.

El aire...
    El aire queda inerte,
como huracán cansado donde Dios corta el tiempo,
y mi emoción se yergue,
viva, estirada, blanca,
como viaje de estrellas claras entre mi nieve.

    Hay mil bocas de pájaro manejando canciones
sobre mi prado en germen,
y un temblor sublevado de mariposas castas
rompe velos por verme.

    Mi corazón ha oído
rumor de ola extraviada,
y se ha vuelto hacia el cosmos
en búsqueda silente...
Su amor ha recogido la flor que perdió el viento
por estar desnudando las niñas en las fuentes.

    ¿Cómo verá la sombra
mi avance desasido
de pasos inconscientes?

    ¿Cómo dirán mi nombre
las cien voces caídas
que en cien pozos hundieron mi corriente?

¿Cómo podrán callarme
cuando todos los ecos del universo sean
sinfonías en mi frente?

¡Amado! Buscaremos
aquel eco de Dios
que cargaste una vez para quererme,
y lo echaremos a rodar al mundo,
amado,
      duerme, duerme..

Alta mar y gaviota

P or tu vida yo soy...
   En tus ojos, yo vivo la armonía de lo eterno.
La emoción se me riega,
y se ensancha mi sangre por las venas del mundo.

   No doy ecos partidos.
Lo inmutable me sigue
resbalando hasta el fondo de mi propia conciencia.

   En ti yo amo las últimas huidas virginales
de las manos del alba,
y amando lo infinito
te quiero entre las puertas humanas que te enlazan.

   En ti aquieto las ramas abiertas del espacio,
y renuevo en mi arteria tu sangre con mi sangre.

   ¡Te multiplicas!
                    ¡Creces!
                              ¡Y amenazas quedarte
                              con mi prado salvaje!

   Eres loca carrera donde avanzan mis pasos,
atentos como albas
al sol germinativo que llevas en tu impulso.

   Por tu vida yo soy
alta mar y gaviota:
en ella vibro
y crezco...

Exaltación sin tiempo y sin orillas

Un como huir de pájaros nos aleja del tiempo
y corren en bandadas tu emoción y la mía
persiguiéndose...

Alguien ha roto el cielo...
Se ha bajado toda la primavera
al surco del amor.

Alta
de música pagana corriéndome las arpas del ensueño;

primitiva,
desandando la cuesta civilizante y tensa;

honda
de instinto en verso y en ola y en abrazo;

fuerte
de claridad y éxtasis multiplicado en ti;

inerte por instantes
dejando pasar nieblas montadas por luceros
diluyéndose...;
camino el incendio de tu vida,
entera en alma y mano
a tu emoción besada por tierra, mar y estrella.

¡Tu selva,
desbandada en la voz universal que te llama y te canta
desde mi primavera en concreción de instintos,
avanza honda caída de ruiseñores sobre mi corazón!

¡Y mi selva,
disuelta en la carrera sideral que empuja todo éxtasis,
detiene el universo en un instante
para volcarlo en ti, con estrellas y todo!...

Te quiero...

Te quiero...
    y me mueves el tiempo de mi vida sin horas.

Te quiero
en los arroyos pálidos que viajan en la noche,
y no terminan nunca de conducir estrellas a la mar.

Te quiero
en aquella mañana desprendida del vuelo de los siglos
que huyó su nave blanca hasta el agua sin hondas
donde nadaban tristes, tu voz y mi canción.

Te quiero
en el dolor sin llanto que tanta noche ha recogido
el sueño;
en el cielo invertido en mis pupilas para mirarte cósmica;
en la voz socavada de mi ruido de siglos derrumbándose.

Te quiero (grito de noche blanca)
en el insomnio reflexivo de donde ha vuelto en pájaros
mi espíritu.

Te quiero...

Mi amor se escapa leve de expresiones y rutas,
y va rompiendo sombras
y alcanzando tu imagen
desde el punto inocente donde soy yerba y trino.

El vuelo de mis pasos

Va descalza la vida
     por la nube del mar
desde que alzó hacia ti
mi corazón sus velas.

(No hay ancla que resista
el vuelo de mis pasos
que reman claridades.)

Velas anchas y blancas
desenredan espumas
por tu camino etéreo.
(No hay ancla que resista.)

Rumores sin palabras
aprisionan gaviotas
en un impulso íntimo.
(El vuelo de mis pasos.).

Ancló mi corazón
en un puerto sin buques
rociado de emociones.
(Que reman claridades.)

Va descalza la vida
por la nube del mar...

Unidad

Tengo color de aurora las manos amorosas
y a ratos me hago nido en su risa callada.

Es la noche una inmensa estrella de emociones,
y en ella duermo el sueño que me acuesta en tu alma.

La soledad se ha ido alejando del mundo
que me ha forjado a solas, sin eje ni montañas,

como no sean los suaves revuelos de tu mente
o el infinito giro de tu inquietud más alta.

No estoy sola. Me invade la armonía de tus labios,
y tus ojos intensos por doquiera me asaltan.

Siento el raro deleite de vaciarme la vida
en la fina silueta de tu imagen sin alas.

Aquí estás: en mis años, en mi boca y mi risa
en los destellos vivos de mi actitud extraña,

y a veces te me acercas en la sombra, en el aire,
y en los dedos celestes de la estrella lejana.

(No parece que a instantes me voy perdiendo en largos
espirales de vuelo, amargados de ausencia.)

Soy hacia ti

Me veo equidistante del amor y el dolor.
Una mañana fresca me levanta el espíritu
en brisas de palomas.
Otra mañana turbia me nace y me contagia
en mi orilla de nubes y crepúsculos.

¿Quién soy?
Grito de olas lavándose caminos arrastrados e inútiles.
Sollozo de montaña sorprendido en la boca
de leñadores ínfimos.

Piedra haciéndose agua
en fuente tropezada cuando mi voz no cupo de dolor
en los riscos.

¿A dónde voy?
Al punto donde el alma se suelta de luz al infinito.
Al soplo en que la Vida quiso cruzar mi carne,
pura de corazón en explosión de instintos.

A donde tú caminas esperándome
fijo en ti y alejándote del siglo.

Al instante perdido de tu sombra,
cuando mi nombre pese en tu conciencia
lo que mi alma te lleve de Dios mismo.

Poema del minuto blanco

F ue una actitud de éxtasis
desnuda en el misterio...

Abandonada y tímida se quedó la sonrisa
más allá de mis labios levantados en vuelo.
Una palabra débil que flotaba en sus ondas
se me hizo silencio...

Los ojos se me fueron perdiendo de sus órbitas
y cayendo en su centro...

Una quietud de rocas se filtró por mis poros
y escondió mis revuelos.

Transparente de esencias se rodó en el instante
mi emoción y mi cuerpo;
y fue el minuto blanco,
más allá de mi vida,
empujándome al cielo.

Insomne

Insomne.
   Medianoche de penas desvelándome el alma
Fuego de estrellas rojas sobre mis sueños blancos.
Lo eterno persiguiéndome.

   Camino...
En puntos suspensivos de dolor
anudo tu distancia.
El aire se me pierde.

   ¿Qué te separa de mis ojos
destrozados y débiles?

   ¿Cómo no estás aquí,
—vida por mi poema—
diluyéndote?

   ¿Por qué te llevan de mis manos tiernas
que por no herirte
rozarían la muerte?

   ¿Por qué nos tienden infeliz frontera
entre tu amor y mi alma
que en ti crece?

   ¿Por qué no ves mis lágrimas ahora,
fieles como horizontes, a tu suerte?

   Insomne.
Medianoche de lágrimas desvelándome el alma,
y un millón de crepúsculos rompiéndose en mi frente...

Voz del alma restaurada

¡Voz de mi nuevo amanecer,
herida y aterrada!

Todas mis horas tristes a los vientos estallan.
Están sueltos los ríos crecidos de mi dolor.
Soy una desenfrenada marea agigantada de lágrimas.

***

¿Por qué no vienen extasiados pétalos de mi hora feliz?
¿Por qué no os arrancáis las alas para mi alma,
golondrinas maravillosas, conocidas del sol?

¿Por qué esta loca necesidad de tus pupilas,
y de tus manos núbiles como senos de estrella,
oh amor, en forma tibia de caricias y cuerpo?

***

Nada...

Yo sola en mi silencio,
herida y aterrada.

¡Voz de mi nuevo amanecer,
has dominado el mundo para herirlo en mis alas!

¿Por qué me voy pasando de todas las distancias,
sin espera,
sin sangre ya de humanos?

Lloro
el entrañado llanto de la sangre.

Se desenlazan los sollozos
en mi camino contenido que ya quiere ser pájaro.
Quiero ser pájaro con mi camino.
No más golpes de hierro por mi rara soledad petrificada.

Me abriré la conciencia
con esta lluvia tenue que hará crecer la ola
y arrastrará la mano negada a mi sendero,
la mano que me hiere
con veinticuatro horas de vanidad en un día de soberbia.

Coloquio sideral

¡Te adoré tanto anoche!
　　　　　—Me adoraste en ausencia.

　—¡Te besé tanto anoche!
　　　　　—Me besaste en ausencia.

　—¡Te miré tanto anoche!
　　　　　—Me miraste en ausencia.

　—Te adoré
sin pensarte en la forma.

　Te besé
sin sentirme en tu rostro.

　Te miré
sin mirada y sin sol...
　　　　　—¿Y eso es posible, amada?

　—Pregúntalo a la nube
que cruzó por mi sueño y se posó en tu alma.

　　　　　—¿Que se posó en mi alma?
—Cargada por la brisa, con la última nota
de mi vida en canción.

　　　　　—Y la brisa ¿qué hizo
　　　　　al sentirte en sus prados?

—Con los ojos turbados
presenció mi invasión...

　　　　　—¿Y no quiso besarte?

　—Sus labios no alcanzaron
mi corazón en flor.

Hubo de ver mi rostro
en sonrisa de agua,
contigo en la emoción.

—¿Y así llegaste, amada?

—Así miré tu alma,
te besé en la sonrisa,
y adoré tu ilusión...

Yo fui la más callada

Yo fui la más callada
de todas las que hicieron el viaje hasta tu puerto.

No me anunciaron lúbricas ceremonias sociales,
ni las sordas campanas de ancestrales reflejos;
mi ruta era la música salvaje de los pájaros
que soltaba a los aires mi bondad en revuelo.

No me cargaron buques pesados de opulencia,
ni alfombras orientales apoyaron mi cuerpo;
encima de los buques mi rostro aparecía
silbando en la redonda sencillez de los vientos.

No pesé la armonía de ambiciones triviales
que prometía tu mano colmada de destellos:
sólo pesé en el suelo de mi espíritu ágil
el trágico abandono que ocultaba tu gesto.

Tu dualidad perenne la marcó mi sed ávida.
Te parecías al mar, resonante y discreto.
Sobre ti fui pasando mis horarios perdidos.
Sobre mí te seguiste como el sol en los pétalos.

Y caminé en la brisa de tu dolor caído
con la tristeza ingenua de saberme en lo cierto:
tu vida era un profundo batir de inquietas fuentes
en inmenso río blanco corriendo hacia el desierto.

Un día, por las playas amarillas de histeria,
muchas caras ocultas de ambición te siguieron;
por tu oleaje de lágrimas arrancadas al cosmos

se colaron las voces sin cruzar tu misterio...

Yo fui la más callada.
La voz casi sin eco.
La conciencia tendida en sílaba de angustia,
desparramada y tierna, por todos los silencios.

Yo fui la más callada.
La que saltó la tierra sin más arma que un verso.
¡Y aquí me veis, estrellas,
desparramada y tierna, con su amor en mi pecho!

Canción sublevada

Amado,
esta noche de luna,
pálida de dormirme,
se subleva mi verso.

Toda la luz se ha erguido
por mi tronco silvestre de reflejos,
y ora trepa mi anhelo desgarrado,
o se lava los ojos en mi sueño.

Apretado en su pétalo
silba coraje el cielo,
y mi nombre es el nombre repetido
de todas las estrellas en revuelo.

—Tú tienes luna llena,
siempre llena
claridad de emoción por tu sendero—
claman despavoridas
las sombras extraviadas por los cerros.

—Tú tienes el amor— gritan los lirios,
y una distancia azul turba mi pecho.

Amado,
si no hay luz separada a nuestro impulso
si nos une la vida, el alba, el tiempo,
¿por qué han de desunirnos unas horas
que no son más del hombre que del viento?

¿Por qué tiene la luna

que enternecer mis ojos hacia el sueño,
si tus manos, en pulso de palomas,
pueden más, corazón, que el universo?

¿Por qué corren mis brazos
solos de ti, tu rastro de recuerdos,
si tu vida ya flota por la mía
como alba atajada en mar sin puertos?

Amado,
esta noche de luna
pálida de dormirme
se subleva mi verso,
y no hay eco tendido por mi espíritu
que en mi abandono no secunde al cielo...

Desvelos sin sollozo

Me desvela tu sueño equidistante
de mi vuelo y mi lágrima en descenso.
Ni vuelo claridades desbocadas
ni me tiro en mi llanto de silencio,
porque en toda mi hora inhabitada
eres, fijo de luz, centro de sueño.

No de lágrimas parten
los manantiales hondos que hoy te vierto.
Es un sueño distante de las rocas
el que tendió mi espíritu a tu encuentro.

Sé que duermes. Un sueño sin sentido,
loco y azul, rondándote los nervios
(y desisto de alzarte la conciencia
porque en blanco y azul te sé despierto).

Yo dormiré tu cielo en mis pupilas
mientras el alma vela tu misterio.
En bandadas de sendas recogidas
desvelaré mi amor hacia lo eterno.

Regreso a mí

Otra noche de lágrimas.
Insomne
por las manos vaporosas del tiempo.

No camino.
En mi mismo dolor yo me detengo.

El corazón del aire se me entrega
por donde tú pasaste hace un momento.
Las estrellas me dicen
que me enviaste el sol entre sus dedos.

Como perdidas ondas,
por mi emoción se cuelan tus cabellos.

Me imagino tus ojos,
solos de luz, buscándome por dentro;
y tus brazos vacíos,
en vano recorriendo mi recuerdo...

¡Qué sencillo sería
deshojarme de amor sobre tu cuerpo!

¡A qué escala de mí, junto a mi alma,
te quedarás dormido de silencio!

¡A qué hora saldrán tus golondrinas
a cambiarse las alas en mi pecho!

Un agitado viento de esperanza
parece que me anuncia tu regreso.

Entre el fuego de luna que me invade
alejando crepúsculos te siento.

Estás aquí. Conmigo.
Por mi sueño.
¡A dormirse se van ahora mis lágrimas
por donde tú cruzaste entre mi verso!

Poema de mi pena dormida

Con los ojos cerrados, amplia de voces íntimas,
me detengo en el siglo de mi pena dormida.
La contemplo en su sueño...
Duerme su noche triste
despegada del suelo donde arranca mi vida.
Ya no turba la mansa carrera de mi alma
ni me sube hasta el rostro en dolor de pupilas.

Encerrada en su forma,
ya no proyecta el filo sensible de sus dedos
tumbándome alegrías,
ni desentona ritmos
en la armonía perfecta de mi canción erguida.

Ya no me parte el tiempo...
Duerme su noche triste
desde que tú anclaste en la luz de mis rimas.

Recuerdo que las horas se rodaban en blanco
sobre mi pena viva,
cuando corría tu sombra por entre extrañas sombras,
adueñado de risas.

Mi emoción esperaba...
Pero tuve momentos de locura suicida:
¡te retardabas tanto,
y era tanta la música que tu eco traía!

Recuerdo que llegaste elemental de instintos.
¡Tú también de los siglos la ancha pena bebías;

pero fuiste más fuerte, y en esfuerzo soberbio,
desterraste tu angustia, y dormiste la mía!

Canción para llorar y amar

Minúscula...
En mi dolor cabalgo
por la infinita orfandad de los caminos tristes.

No recuerdo el instante en que bajé la vida
hasta ti...

Sólo sé castidad de pena blanca...

Una caricia en tacto de luceros
me sorprendió mi sueño...

Un enorme dolor adolescente
con puertas a lo eterno
me comenzó a latir a tu llegada.

Más adentro mi alma
te buscaba la vida
con una luz de lágrimas.

***

El aire fue un misterio de sollozos aislados
depurando la brisa de tu senda y mi senda.
Y mi llanto regó arenales inmensos de nostalgia
para sembrar mi corazón a la bondad de amarte.

Casi fui rosa ávida
para bajo tus manos.

Casi fui casi ola
para sobre tu rostro...

   Y seguí largas horas
impulsando mi sueño de su tragedia inmóvil.
Y cerré largas noches
avivando mis pasos
por tu ruta tendida a mi rescate.

      ***

   Mi alma abrió a tu alma
como el abrir humilde de una estrella,
y me doblé a tu vida
como inclina su peso hacia la tierra
la espiga fecundada.

      ***

   Desde allí,
dolor y amor me llevan
sujeta la emoción.

   ¡Qué simple es la conciencia
ante el reclamo cósmico
que ha cruzado mi espíritu!

   Me he encontrado la vida
al ascender mi castidad de impulso,
contigo en ti y en todo.

Te seguiré callada

Te seguiré por siempre, callada y fugitiva,
   por entre oscuras calles molidas de nostalgia,
o sobre las estrellas sonreídas de ritmos
donde mecen su historia tus más hondas miradas.

Mis pasos desatados de rumbos y fronteras
no encuentran las orillas que a tu vida se enlazan.
Busca lo ilimitado mi amor, y mis canciones
de espaldas a lo estático, irrumpen en tu alma.

Apacible de anhelos, cuando el mundo te lleve,
me doblaré el instinto y amaré tus pisadas;
y serán hojas simples las que iré deshilando
entre quietos recuerdos, con tu forma lejana.

Atenta a lo infinito que en mi vida ya asoma,
con la emoción en alto y la ambición sellada,
te seguiré por siempre, callada y fugitiva,
por entre oscuras calles, o sobre estrellas blancas.

Canción de tu presencia

No te busqué en las vetas desgastadas del tiempo
que llevé por mis hombros, en realidad vacía,
caminando mi anhelo por sobre oscuros rostros
que apenas si rozaban con las miradas mías.

Y te grité en las voces delgadas de los hombres,
en un lenguaje sordo, escultor de mentiras,
que se ataron al eco de ruidos moribundos
y ni siquiera izaron sonidos en mis rimas.

Caminé largas noches sobre un dolor estéril,
abandonada y frágil, por todas las orillas,
ahuecando las horas con mis pasos turbados
que llevaban mi impulso de caída en caída.

Y no pude encontrarte por los hondos abismos
de errores y de herencias que tuvieron mi vida.

¡Tan cerca te me hallabas del tronco de mis años
que el roce de mi sueño con tu dolor herías!

Fecunda de tu espíritu, te llevaba en el alma,
tallado en el poema de mi ambición más íntima,
como un suelo tendido sin árboles ni rocas
en espera del ímpetu que alzara la semilla.

Te conocía en las tiernas mañanas estivales
que besaban mi cara abierta de sonrisas,
y en las gotas de luna que chocaban mi cuerpo
cuando un presentimiento mis sueños extendía.

Te había visto en el verde dormido de los bosques
maternales y tibios que jugueteé de niña,
y en la carrera ingenua de una fuente del río
por llegar hasta el salto que bañaba mis días.

¡Creciéndome los años con fuerza incontenible,
te llevaba en mi sangre universal e indígena,
y te sentía en injerto de cósmicas canciones,
inexorablemente subiendo por mi vida!

Canción de la verdad sencilla

No es él el que me lleva...
Es mi vida que en su vida palpita.
Es la llamada tibia de mi alma
que se ha ido a cantar entre sus rimas.
Es la inquietud de viaje de mi espíritu
que ha encontrado en su rumbo eterna vía..

El y yo somos uno.
Uno mismo y por siempre entre las cimas;
manantial abrazando lluvia y tierra;
fundidos en un soplo ola y brisa;
blanca mano enlazando piedra y oro;
hora cósmica uniendo noche y día.

El y yo somos uno.
Uno mismo y por siempre en las heridas.
Uno mismo y por siempre en la conciencia.
Uno mismo y por siempre en la alegría.

Yo saldré de su pecho a ciertas horas,
cuando él duerma el dolor en sus pupilas,
en cada eco bebiéndome lo eterno,
y en cada alba cargando una sonrisa.

Y seré claridad para sus manos
cuando se vuelquen a trepar los días,
en la lucha sagrada del instinto
por salvarse de ráfagas suicidas.

Si extraviado de senda, por los locos
enjaulados del mundo, fuese un día,

una luz disparada por mi espíritu
le anunciará el retorno hasta mi vida.

No es él el que me lleva...
Es su vida que corre por la mía.

Indice

*La composición tipográfica
de este volumen se realizó
en los Talleres de
Ediciones Huracán, Inc.
Ave. González 1002
Río Piedras, Puerto Rico,
Se termió de imprimir el
30 de septiembre de 1982
en George Banta Co.
Virginia, U.S.A.*

*La edición consta de
5,000 ejemplares.*